Contraste insuffisant des couvertures
supérieure et inférieure

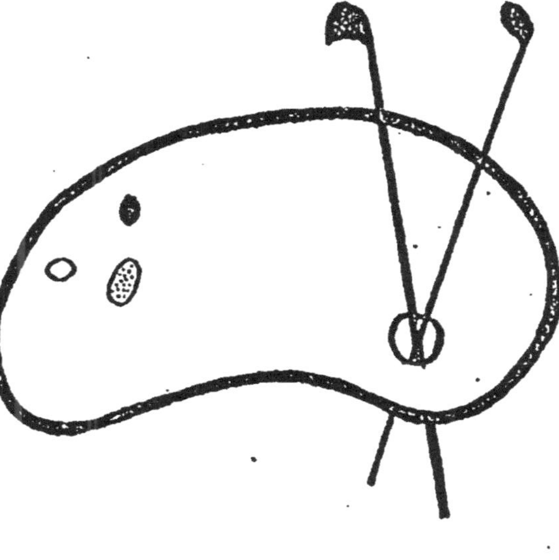

DEBUT D'UNE SERIE DE DOCUMENTS
EN COULEUR

SOUVENIR

des Fêtes célébrées

en l'Eglise NOTRE-DAME de JOINVILLE

à l'occasion du

25ᴱ ANNIVERSAIRE

de l'arrivée du très cher Frère Auguste

EN CETTE VILLE

Discours de M. l'abbé LEPAGE

REIMS

IMPRIMERIE DES FRÈRES, rue de Courlancy, 86.

Au profit de l'Œuvre.

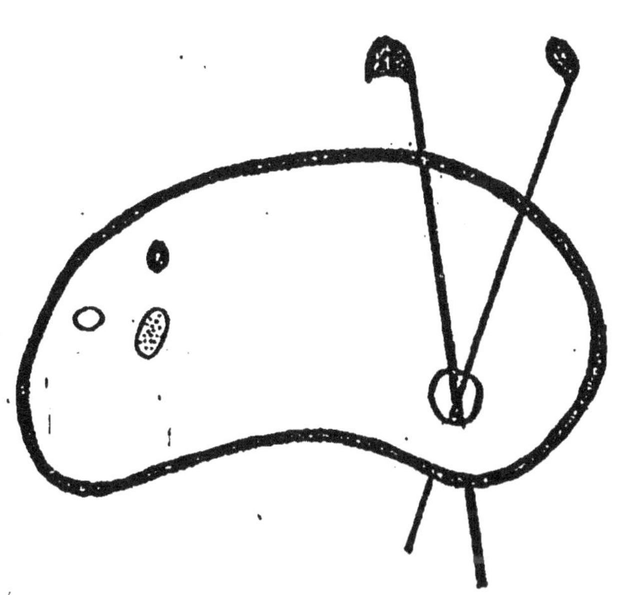

FIN D'UNE SERIE DE DOCUMENTS
EN COULEUR

SOUVENIR

des Fêtes célébrées

en l'Eglise NOTRE-DAME de JOINVILLE

à l'occasion du

25ᴱ ANNIVERSAIRE

de l'arrivée du très cher Frère Auguste

EN CETTE VILLE

Discours de M. l'abbé LEPAGE

REIMS

IMPRIMERIE DES FRÈRES, rue de Courlancy, 86.

Au profit de l'Œuvre.

LA JOURNÉE DU 29 OCTOBRE 1896

Le Jeudi 29 Octobre 1896, la population catholique de Joinville était en fête, et la vieille église Notre-Dame voyait accourir en foule les fidèles de tout âge et de tout rang au son joyeux et imposant de la superbe sonnerie de la tour Saint-Joseph.

On célébrait en ce jour le 25e Anniversaire de l'Arrivée à Joinville du Directeur de l'École libre, le Cher Frère AUGUSTE. Et cette fête avait été organisée par les anciens Élèves de ce dévoué Religieux, heureux de prouver à leur Maître leur reconnaissance et leur affection, en même temps qu'ils affirmaient leurs convictions profondément chrétiennes et leur dévouement à la cause de l'École libre de Joinville.

La cérémonie religieuse était présidée par M. l'abbé BAUDRY, Curé-Doyen de Joinville. Deux anciens Élèves du Frère AUGUSTE assistaient M. le Doyen au saint autel : M. l'abbé HUGUENIN, Curé de Darmannes et M. l'abbé EUVRARD, Curé de Rizaucourt. Un autre, M. l'abbé LEPAGE,

Professeur au Collège de Saint-Dizier, avait accepté de prononcer le sermon. Dans l'assistance nombreuse, notons les membres du Comité, M. le Doyen de Poissons, M. le Chanoine FEBVRE, Aumônier des Annonciades de Joinville, la plupart de Messieurs les Curés du canton, Messieurs les Vicaires de Joinville, M. l'abbé ARNOULD, Curé de Prez-sous-Lafauche, M. l'abbé JACQUIN, Vicaire de Bar-sur-Aube, les Frères Directeurs de Bar-le-Duc, Saint-Dizier, Bar-sur-Aube, et plusieurs autres Ecclésiastiques et Frères.

La partie musicale de la messe avait été confiée à M. Paul BALACHE, Professeur de musique, qui avait sous sa direction un groupe de jeunes gens, anciens Élèves des Frères. Disons tout de suite que le chant, aussi bien que la musique instrumentale, fut exécuté avec un ensemble et une perfection qui font honneur aux jeunes artistes.

Après l'Évangile, M. l'abbé LEPAGE monta en chaire et prononça le discours que nous sommes heureux d'offrir à nos lecteurs au nom du cher Frère AUGUSTE. Avant de descendre, l'Orateur annonça à son auditoire que le Saint-Père avait envoyé la bénédiction apostolique au cher Frère AUGUSTE et à tous les fidèles présents à la cérémonie ainsi qu'aux Bienfaiteurs de l'École libre.

La Bénédiction du Très Saint Sacrement et le chant du *Te Deum* terminèrent la cérémonie.

Puis un banquet vraiment *fraternel*, servi dans une des salles de l'École, réunit autour du Frère Directeur les Ecclésiastiques et les Membres du Comité. Au dessert, M. PELTEREAU-VILLENEUVE, Conseiller général, prononça quelques paroles fort applaudies.

Comparant les Ordres religieux à la Légion Fulminante qui sauva l'empire et l'armée de Marc-Aurèle, il s'éleva contre les désespérances de certains catholiques pusillanimes et salua dans le Frère AUGUSTE un vaillant soldat d'une de ces nombreuses légions, la gloire et l'espoir de l'Église et de la France.

« Si, dit-il, LA LÉGION MÉLITÈNE, *appelée* LA MÉLITINE *et surnommée* LA FOUDROYANTE *ou* LA FULMINANTE *à cause de son courage, sauva par ses prières (cette Légion était composée de chrétiens) l'armée de Marc-Aurèle au moment où elle allait périr de soif dans les déserts de Germanie, combien ne devons-nous pas espérer aujourd'hui pour notre patrie, alors que nous avons mille légions* FOUDROYANTES *toujours en prière, parmi lesquelles il faut compter les Prêtres et les Frères des Écoles Chrétiennes? Espérons donc, mais tout en espérant, travaillons à sauver la France ! »*

Puis M. le Curé de Darmannes, au nom des anciens Élèves du Frère AUGUSTE, lui exprima d'une façon aussi aimable qu'éloquente les vœux et la reconnaissance de tous :

CHER FRÈRE AUGUSTE,

Au nom de vos anciens Élèves, permettez-moi de vous exprimer les sentiments qui nous animent tous en ce jour.

Par l'empressement que nous avons mis à nous réunir autour de vous, nous vous avons donné la preuve de notre reconnaissance, de notre attachement et de notre affection.

C'est, en effet, à vos bons conseils que nous devons d'être aujourd'hui, les uns lieutenants de Jésus-Christ, les autres soldats de la patrie, tous l'honneur de nos familles.

Aussi de quels remerciements ne vous sommes-nous pas redevables. Merci donc, pour tant de sages leçons prises à votre école : croyez-le bien, nous ne les oublierons jamais et nous ne vous oublierons pas davantage ; car cette fête de famille, en nous réunissant autour de vous, resserrera encore les liens de l'affection qui nous attachent à vous.

Notre désir le plus ardent est donc de vous voir longtemps encore parmi nous continuer à Joinville le noble et laborieux apostolat que vous exercez depuis 25 ans.

« Ad multos annos. »

Le cœur ému, le Frère Auguste répondit à tous ces témoignages de respect et d'affection par des remerciements où personne ne fut oublié.

Messieurs,

L'anniversaire joyeux qui nous réunit en ce jour n'est point seulement la fête de l'amitié, c'est aussi la fête de la reconnaissance : aussi, encore tout ému de la belle cérémonie de ce matin, vivement touché des nombreuses marques d'affectueuse sympathie que, dans mon humble personne, vous témoignez à l'œuvre si importante de l'éducation des enfants, mon cœur, dont vous avez depuis longtemps fait la conquête, sent le besoin de vous exprimer toute ma gratitude.

Merci d'abord à Monsieur le Doyen d'avoir bien voulu

approuver pleinement l'organisation de cette fête de famille.

Merci à vous, Messieurs les membres du Comité, que j'ai la joie de voir à cette réunion d'amis ; oui, merci de l'admirable générosité avec laquelle vous soutenez notre École chrétienne.

Merci à Monsieur l'abbé Lepage, le spirituel orateur de ce matin. Il a trouvé dans son cœur reconnaissant et nous a exprimé avec toute l'ardeur de sa foi les sentiments de la religieuse affection qu'il a conservée pour ses anciens Maîtres.

Merci à tous ces Amis, Prêtres, Frères, venus d'un peu partout, montrer à la population de Joinville combien ils sont heureux de la manifestation amicale dont les Frères sont l'objet en ce jour.

Je suis heureux de profiter de cette occasion pour renouveler à M. Peltereau-Villeneuve et à M. le Marquis de Pimodan l'expression de ma reconnaissance pour tout leur dévouement à l'École libre.

Merci enfin à M. Paul, qui a largement contribué à la réussite de cette journée par l'entrain au-dessus de tout éloge qu'il a mis à préparer les chants.

Messieurs, après vingt-cinq ans passés dans cette bonne ville de Joinville, après les peines que j'ai éprouvées, mais aussi après les joies bien douces que j'y ai goûtées, laissez-moi vous assurer que, plus que jamais, je suis à vous pour continuer la tâche que mes Supérieurs m'ont imposée.

Après cette dette de reconnaissance, payée trop imparfaitement, je me permets la joie de porter la santé de tous ces bienfaiteurs et amis et d'appeler sur eux, sur leurs familles, les bénédictions de Dieu.

Après les dernières effusions d'amitié échangées entre les invités et le bon Frère Auguste, chacun se retira, heureux d'avoir été le témoin de toute la sympathie dont les habitants de Joinville entourent le vénéré Directeur de leur École libre, emportant dans son cœur le souvenir d'une journée où tous avaient goûté les joies les plus pures et les plus fortifiantes.

DISCOURS

PRONONCÉ EN L'ÉGLISE NOTRE-DAME DE JOINVILLE

par M. l'Abbé LEPAGE

A L'OCCASION DU

25ᵉ Anniversaire de l'Arrivée du cher Frère AUGUSTE

en cette Ville

> Ecce ego et pueri mei quos dedit mihi Deus. (Is. VIII. 18.)
>
> Me voici, et, avec moi, les enfants que le Seigneur m'a donnés.
>
> *Ces paroles du prophète Isaïe sont citées par l'apôtre saint Paul dans son épître aux Hébreux, ch. II. v. 13.*

MES FRÈRES,

Le 28 Août 1848, un enfant nouveau-né venait égayer de son sourire le modeste foyer d'une chrétienne famille du centre de la France. Les parents étaient de ceux qui regardent la naissance d'un enfant comme un bienfait de Dieu, et qui, animés d'une foi humble et robuste, s'empressent de faire couler sur le front de leur fils l'eau sainte du baptême. Puis l'enfant grandit dans cette atmosphère de piété et d'honneur, la plus belle richesse d'une famille.

Arriva la Première Communion et aussi, dans cette ineffable union d'une jeune âme avec Dieu, les premiers appels de la grâce et je ne sais quelle vision confuse encore d'un avenir tout entier consacré au service de Dieu.

Bientôt avec l'âge, le sérieux prenait possession de cette âme sur laquelle Dieu avait ses desseins de miséricorde et de grâce. Enfin, l'appel décisif d'en haut se fit entendre, et le jeune homme, comme autrefois Samuel à la voix mystérieuse, répondit : « Me voici, Seigneur, puisque vous m'avez appelé, *Ecce ego quia vocasti me* » (I. Reg. III. 6.)

Admirez ici, mes Frères, la force divine de la vocation et la soumission de l'élu de Dieu. Le Seigneur a parlé, son enfant docile ne connaîtra ni hésitation, ni obstacle. S'arrachant au sein d'une famille bien-aimée, le voilà qui part et s'en va frapper à la porte du Noviciat des Frères des Écoles chrétiennes. Je ne vous dirai rien de la formation du Novice. Il fit, au pied de l'autel, oblation de tout lui-même. *Ecce ego,* me voici, mon Dieu, dit-il, pour travailler à la tâche noble, mais laborieuse de l'éducation de l'enfance ; désignez-moi, par la voix de mes supérieurs, le champ où devra s'exercer mon zèle, et je partirai pour me dévouer corps et âme à ces chers enfants, que je ne connais point encore, mais que vous m'avez réservés et que j'aimerai en vous et pour vous. Je suis prêt, *ecce ego,* me voici.

Je ne m'arrêterai pas non plus aux débuts du jeune religieux dans les différentes communautés où l'obéissance l'appela tout d'abord. J'ai hâte d'arriver au jour où il venait à Joinville dans toute l'ardeur et l'enthousiasme de sa jeunesse. Et pourtant, vous n'attendez pas de moi, mes Frères, que je vous retrace les vingt-cinq années de séjour du Cher Frère Auguste à Joinville. Tous, d'ailleurs, à différentes époques, vous l'avez vu à l'œuvre ; tous aussi vous avez connu les épreuves qu'eut à subir l'École des Frères de cette ville, jusqu'au jour où, grâce à l'intrépide énergie d'un prêtre éminent, elle devint École libre, avec le Frère Auguste pour Directeur.

Je viens de rappeler le souvenir d'un homme que vous me reprocheriez de ne point saluer ici comme le protecteur et le meilleur ami des Frères de Joinville, et dont la mémoire ne saurait être absente de cette fête de famille. Comme l'a dit l'éloquent panégyriste de M. l'abbé Desmot : « S'il déploya « tant de zèle pour la gloire et la beauté de l'Église « matérielle, quel dévouement ne prodigua-t-il pas « aussi à l'église spirituelle confiée à ses soins !... « Il savait que l'éducation religieuse a sur la vie « de l'homme une importance capitale ; aussi, que « de sacrifices il s'est imposés, que de luttes il a « subies, à quelles amertumes il s'est résigné pour « conserver à Joinville sa belle École des Frères. * » Et comme en ce jour de fête, nos esprits et nos cœurs surtout se reportent vers cette belle et inoubliable figure du prêtre dont nous admirons les œuvres, filles d'une foi inébranlable et d'un courage persévérant.

A l'école de M. l'abbé Desmot, vous avez appris,

* Oraison funèbre de M. l'Abbé Desmot, Chanoine honoraire de Langres, Curé-Doyen de Joinville, par M. l'Abbé Dieu, Curé-Arch.prêtre de Wassy.

mes **Frères**, à estimer à sa juste valeur le bienfait de l'éducation chrétienne ; votre présence ici, à défaut de tout autre témoignage, le prouverait éloquemment.

Et puisque tous nous sommes réunis pour honorer dans un homme, dont un bon nombre sont les anciens Élèves et tous, les amis, le Religieux et aussi le Maître dévoué, j'entrerai, je crois, dans l'esprit de cette solennité en vous parlant du religieux enseignant, c'est-à-dire, de la vie religieuse et de l'éducation chrétienne.

Qu'est-ce donc que le religieux ? ou plutôt, qu'est-ce que la vie religieuse ? La vie religieuse, c'est l'état de ceux qui, spécialement appelés par la grâce divine, renoncent volontairement et librement aux biens de ce monde, pour se consacrer tout entiers au service de Dieu et de l'Église. Vous connaissez la réponse de Notre-Seigneur au jeune homme qui lui demandait la règle de la perfection: « Si vous voulez être parfait, lui dit-il, allez, vendez ce que vous avez, donnez-en le prix aux pauvres et suivez-moi ». *Si vis perfectus esse, vade, vende quæ habes et da pauperibus... et veni sequere me.* (MATT. XIX, 21). Voilà la base de la vie religieuse posée par N.-S. Jésus-Christ lui-même. Renoncez aux biens de ce monde et suivez-moi, c'est-à-dire, imitez-moi: voilà l'état religieux. Ah ! sans doute, le genre de vie que résument ces quelques paroles peut paraître austère, pénible, impossible même. Eh ! quoi, ententendrez-vous dire, Dieu ne nous a-t-il comblés de ses dons et de ses faveurs que pour nous en demander immédiatement le sacrifice ? Il a créé la terre et tout ce qu'elle contient pour l'homme qu'il en a établi le roi ; n'est-ce donc que pour exiger aussitôt l'abdication de sa souveraineté, le renoncement à la possession de cette création qui est chose si bonne cependant, au jugement même du Créateur, *et vidit quod esset bonum* (GEN. I, 21.) Et puis ne peut-on faire son salut qu'au prix d'une telle abnégation ? est-il besoin de pousser la pratique de la vertu jusqu'à l'héroïsme que demande la parfaite imitation de Jésus-Christ ? Ah ! mes FRÈRES, ceux qui parlent de la sorte n'ont point entendu l'appel du bon Maître ; ils n'ont pas été choisis pour être du petit groupe des familiers du Seigneur, de ceux qu'il appelle ses amis : *Jam non dicam vos servos, sed amicos* (JOAN. XV, 15.) Et voilà pourquoi ils parlent avec les préjugés du monde qui, lui, ne comprend point la vie religieuse et pour cause.

« Le monde, c'est l'ensemble des hommes qui ne cher- « chent point Dieu, mais qui se cherchent eux-mêmes « dans les voluptés de l'orgueil et des sens. » (LACORD.) Et n'est-ce point là le spectacle attristant qui s'offre à nous de toutes parts ? Voyez donc quel déchaîne-ment furieux des passions les plus viles et les plus hon-teuses ! N'entendez-vous point monter de notre société ces cris féroces des hommes que l'ambition aveugle et qui, oublieux, non seulement des lois divines, mais des préceptes mêmes de la plus vulgaire loyauté, se ruent sur les places et les honneurs, sur les distinctions et les richesses ? Et plus sauvage encore, n'entendez-vous point la clameur brutale de ceux qui font leur dieu du plaisir, de la bestiale volupté, et qui impriment à ce corps, chef-d'œuvre des mains divines, les stigmates avilissants du vice, l'empreinte déshonorante de la bête ? Comment donc le monde à ce point corrompu et corrupteur, jouisseur et ambitieux, pourrait-il comprendre tout ce qu'il y a de grand, de sublime, d'héroïque dans les austères renoncements de la vie religieuse? Aussi voyez-le courir à sa perte On lui a dit: « Qu'il pouvait bien se passer de religion ; que la vertu n'est qu'un vain mot ; qu'il n'y avait de vrai que la jouissance et le plaisir ». On lui a dit : « Tu es ton dieu a toi-même, use largement de tout ce qui t'entoure, la vie est courte, et après, c'est le néant ». Alors, il n'y a plus d'autre frein aux passions que la crainte, bientôt disparue, du châtiment humain. Arrière l'effort et la contrainte ; arrière la soumission, le labeur et la peine ; arrière tout ce qui coûte ; il nous faut les richesses et les plaisirs, à nous les honneurs et l'indépendance. Ni Dieu, ni maître!

Où ces principes nous ont conduits ? Vous le savez. Et vous qui déplorez grandement l'état de licence et d'anarchie où nous sommes tombés ; peut-être allez-vous mieux comprendre le rôle du religieux dans une société qui se meurt de luxure et d'orgueil.

A vous que la soif des richesses dévore, qui n'assignez d'autre but à vos efforts et à vos travaux que la fortune ; qui sacrifiez tout, jusqu'à l'honneur, pour un peu d'or que le trépas vous ravira bientôt ; insensés, dirai-je, allez apprendre du religieux le mépris des biens d'ici-bas ; allez lui demander ce qu'il pense de cet argent que vous amassez avec tant de soin. Lui aussi, il possédait une fortune qu'il pouvait accroître par son travail et son industrie ; mais il savait qu'il est le disciple d'un Dieu pauvre, de ce Jésus qui n'eut pour berceau que la crèche d'une étable ; de ce Jésus qui, pendant sa vie mortelle, n'eut pas une pierre où reposer sa tête, et après sa mort qu'un sépulcre d'emprunt. Et il s'est dit « Ce que mon Maître a fait, moi aussi je le ferai ». J'abandonnerai ce que je possède ; je n'aurai plus rien en propre ; je veux porter les saintes livrées de la pauvreté. Je travaillerai, non point pour m'enrichir, mais pour obéir à la loi divine et pourvoir à ma subsistance, et si le morceau de pain gagné par mes sueurs m'est enlevé par l'ingratitude ou la spoliation, eh bien ! je tendrai la main et je vivrai d'aumônes.

A vous maintenant qui ne rêvez que plaisirs et jouissances, qui reculez devant la moindre gêne et le plus petit sacrifice ; à vous que les mots de pénitence et de mortification épouvantent ; à vous surtout qui sacrifiez aux désirs effrénés, aux convoitises brutales d'une chair insoumise et vous traînez dans la fange du vice, en vous ravalant au rang de la bête immonde ; malheureux, dirai-je, allez apprendre du religieux les austères plaisirs de la pénitence, les suavités de la mortification, les charmes de la chasteté. Oh ! oui, vous dira-t-il, elle est bien vraie la parole de nos saints Livres : *Quam pulchra est casta generatio cum claritate.* « Elle est belle, elle est glorieuse, la race de ceux qui sont chastes. Elles sont ineffables les consolations que Dieu réserve aux cœurs purs. Qu'il est doux de se sentir l'ami privilégié de Celui qui voulut naître d'une vierge et qui témoigna ses plus suaves tendresses à ceux qui étaient chastes et purs ! Et puis, comme l'intelligence s'élève, comme le cœur s'ennoblit quand, au lieu d'attacher ses regards à la terre, on marche les yeux fixés au ciel où résident toute grandeur et toute pureté. Loin de moi les jouissances grossières des sens : j'ai de plus nobles goûts, j'ai de plus sublimes destinées.

A vous enfin qui supportez impatiemment le joug de l'obéissance et de la soumission ; à vous que l'orgueil aveugle et qui rêvez je ne sais quelle indépendance irréalisable, je dirai : Allez au religieux pour apprendre à obéir et à vous soumettre. Lui aussi, il a l'âme noble et fière ; autant et plus que vous peut-être, il a conscience de sa dignité d'homme et de chrétien ; mais il est humble et se défie de lui-même. Il connaît d'ailleurs son néant et son entière dépendance à l'égard de Dieu. Il sait aussi qu'il est faible et sujet à l'erreur, et c'est pourquoi il veut être soutenu et dirigé. C'est de grand cœur, vous dira-t-il, et dans toute la liberté de mon âme que j'ai fait abandon de mon indépendance. Le Maître que j'ai choisi et ceux qui me conduisent en son nom ne peuvent rien m'ordonner que de bon et de juste ; je me livre à eux sans restriction et sans regret. Je me soumets et j'obéis, et pourtant je suis plus libre que vous, car « se « soumettre et obéir volontairement, c'est bien la « plus haute expression de la liberté... Être libre,

« c'est se posséder soi-même dans son âme et dans
« son corps ; c'est pouvoir, sans autre cause déter-
« minante que soi-même, choisir sa pensée, son
« amour, son acte, son sort enfin, et se commander
« à soi-même plus qu'à personne » (LACORDAIRE). Et
c'est là mon partage plus que le vôtre.

Vous le voyez, mes Frères, au monde perverti et
aveugle, au monde qui court à sa ruine, entraîné
par des passions qui le fascinent et paralysent toute
résistance, le religieux, avec ses vœux de pauvreté, de
chasteté et d'obéissance, vient enseigner le détache-
ment, la mortification et la soumission qui peuvent
encore lui donner la victoire et le sauver. *Ecce ego*,
me voici, dit-il, pour contrebalancer, par mes péniten-
ces et mes prières, tes ingratitudes et tes crimes, mais
aussi pour te servir d'exemple : *Inspice et fac secun-
dum exemplar.* Voilà l'incontestable utilité de la vie
religieuse à notre époque ; si elle est une réparation,
elle est surtout un enseignement.

Il est cependant un service plus particulier et
d'une extraordinaire importance rendu par les religieux à notre société : je veux parler de l'éducation chrétienne de la jeunesse. L'homme est essen-
tiellement un être enseigné ; Dieu lui a donné une
intelligence avide de savoir, et devant lui le grand
livre de la nature est ouvert. Mais, depuis le jour
où nos premiers parents, cédant à la parole du
tentateur, voulurent être comme des dieux, connais-
sant le bien et le mal, cette intelligence créée pour
la vérité a été pervertie et dévoyée. L'erreur nous

attire et nous fascine; depuis sa première victoire, le père du mensonge a acquis sur nous une force de persuasion qui semble s'augmenter avec les siècles. Aussi, dès ses premières années, l'homme a-t-il besoin d'un guide et d'un conducteur qui dirige et éclaire son intelligence, lui montrant l'erreur, cachée parfois sous des apparences trompeuses de vérité, et lui enseignant la pure et saine doctrine aussi bien dans le domaine, aujourd'hui si vaste, des sciences humaines que dans celui des dogmes religieux. Honneur donc à ces laborieux qui, après avoir passé de longues et pénibles années à apprendre, viennent aux générations plus jeunes pour leur transmettre les enseignements qu'ils tiennent de leurs aînés et que leur travail personnel a perfectionnés et enrichis.

Quelle sublime mission que celle qui a pour but de préparer des hommes à la fois savants et vertueux; car il est bien entendu que nous ne séparons point l'éducation morale de l'enseignement des sciences. Aussi, vous savez comment dès les premiers siècles, l'Église soucieuse du bonheur moral et intellectuel de ses enfants a donné tous ses soins à leur enseigner, non seulement les sciences sacrées, mais aussi les sciences profanes d'une façon aussi parfaite qu'il était alors possible.

Pourtant vous avez entendu, et souvent peut-être, répéter cette maxime: « que la diffusion de l'instruction datait seulement de notre siècle et surtout de la fin de notre siècle. Et ceux qui affirmaient bien haut ces prétentions ne manquaient pas d'y joindre quelque insulte à l'adresse de l'Eglise qui, à les croire, n'a jamais rien fait pour éclairer les peuples. Vous savez avec quel superbe dédain ils parlaient de ce moyen-âge, époque de barbarie, de cruauté et d'ignorance, de ces siècles d'obscurantisme qui n'ont pris fin qu'avec l'émancipation de l'esprit humain du joug de la foi. Et que n'a-t-on pas dit à ce sujet contre l'Église et le clergé, ces ennemis de toute science et de tout progrès?

Et cependant, n'est-ce pas à nous, peuple chrétien, que l'Apôtre disait : *Vos estis filii lucis*, vous êtes des enfants de lumière; n'est-ce pas à nous, prêtres, que le Christ a dit : *Vos estis lux mundi*, vous êtes la lumière du monde ; n'est-ce pas à nous qu'il a confié la mission d'enseigner toutes les nations, *Ite, docete omnes gentes*? Ah! prêtres et fidèles n'ont point failli à ces paroles du Maître et nous sommes fiers de lire aux premiers rangs dans les annales du monde, parmi les génies qui sont la gloire de l'humanité savante, les noms d'hommes aux convictions religieuses solides et franchement professées.

Et pourtant, il s'est trouvé des hommes qui ont pensé que la science et la religion devaient être séparées comme deux choses contraires et ennemies. Ils se sont livrés à des recherches dignes d'une meilleure cause pour essayer de découvrir quelque contradiction entre les données de la foi et celles de la science. A plusieurs reprises, ils crurent avoir trouvé et chantèrent victoire, mais bientôt une étude plus sérieuse leur donnait tort, en consacrant une fois de plus l'immuable et divin enseignement de l'Église. Mais qu'importait à ces hommes de mauvaise foi ; ils n'avaient pas la vérité, ils avaient l'impudence et l'audace. Dieu et sa loi sainte les gênaient, ils devaient disparaître. Et pour arriver à ce but infernal plus sûrement et plus vite, c'est à des âmes d'enfants que ces vaillants vont s'attaquer ; c'est la jeunesse qu'ils vont pervertir en tuant chez elle les grandes et nobles idées, sources de tous les dévouements et de tous les héroïsmes.

A l'enfant baptisé, dont l'âme charmante et naïve est avide de connaître l'Auteur de tous les biens dont il jouit, à cet enfant frère des anges et fils de Dieu, le maître devra taire le nom de son Père des cieux, du Créateur qui lui a donné l'existence, du Seigneur qui doit un jour le juger. Si Dieu reste inconnu, que deviennent les règles de la morale et du devoir ? Au nom de qui imposera-t-on à l'enfant des obligations souvent dures et pénibles et qui pourtant doivent régir toute son existence ? Sans Dieu, sans religion, il se laissera guider par son intérêt propre, et vous savez à quels excès une telle direction peut entraîner. Je dis : « vous savez » ; ce n'est hélas que trop réel. Pourquoi donc les crimes commis par des enfants et des jeunes gens augmentent-ils dans une si effrayante proportion ? Pourquoi la jeunesse perd-elle de plus en plus ces traditions de respect, de politesse, de modestie, de distinction qui étaient son plus bel ornement ? Demandez la réponse à ces hommes néfastes qui ont chassé la religion de l'école ; s'ils ont souci de la vérité, ils vous diront que leur œuvre n'a réussi qu'à tuer la morale et la vertu. N'était-ce pas d'ailleurs l'unanime aveu des membres de l'enseignement laïque, dans un rapport récent que vous connaissez peut-être ?

Il est donc évident que l'éducation ne se peut séparer de l'enseignement religieux. Voilà pourquoi des hommes se sont présentés, animés du noble désir de former des chrétiens en même temps que des savants. Ce n'est point par spéculation ni par désir de la gloire qu'ils entreprennent cette tâche; car ils sont de ceux dont je parlais tout à l'heure, qui ont renoncé aux biens de ce monde, et la gloire réserve à des travaux moins modestes et plus bruyants ses acclamations et ses suffrages. Ce qu'ils veulent, c'est jeter dans ces jeunes cœurs la douce parole du Christ, ce premier ami des enfants ; c'est apprendre à leurs lèvres à murmurer le nom de leur Père qui est aux cieux ; c'est leur enseigner ces préceptes divins dont la pratique les rendra des enfants respectueux et soumis, et plus tard, des hommes honnêtes et utiles à leur pays, parce qu'ils seront chrétiens, et cela avec tout ce que ce nom comporte de dévouement, de charité, de sacrifice. Voilà leur grand, leur premier souci. Mais, s'ils cultivent le cœur et l'âme de leurs élèves, ces bons maîtres n'ont garde d'oublier leur intelligence. Ils savent donner, aussi bien que partout ailleurs, l'enseignement des sciences humaines, et j'en ai pour garants les nombreux et beaux succès obtenus partout dans les écoles dirigées par les religieux et les religieuses.

Voilà ce que vous avez compris, nobles habitants de Joinville, et c'est pourquoi vous avez voulu conserver à vos enfants l'éducation chrétienne que vous avez vous-mêmes reçue. Aussi, c'est bien un peu votre fête qui se célèbre aujourd'hui. Si le Frère AUGUSTE a pu rester vingt-cinq ans parmi vous, c'est qu'il y a rencontré pour son œuvre des protecteurs et des amis dévoués. La fête du Frère, c'est la fête de l'Ecole, et la fête de l'Ecole, c'est la vôtre, puisque l'Ecole c'est votre œuvre, le fruit de votre sacrifice et de votre foi. Soyez donc félicités pour l'exemple magnifique que vous avez donné, pour la générosité que vous avez montrée, cette vertu si française, et je dirai si joinvilloise, puisque vous lui avez fait produire de si belles œuvres, et puisqu'il est inouï qu'une main se soit jamais tendue vers vous sans recevoir le don le plus cordial et le plus gracieux. Et c'est pourquoi aussi, malgré la détresse et les embarras des jours présents, nous avons confiance et nous espérons; votre honneur est engagé, mes FRÈRES, votre vieux renom vous oblige, et je suis sûr que vous ne mentirez point à de si nobles précédents. Comme par le passé, vous montrerez que vous voulez voir vos enfants élevés dans l'amour et la crainte de Dieu, que vous les voulez respectueux des préceptes de la religion et du caractère de leurs parents. Vous affirmerez bien haut que vous ne voulez pas faire de vos fils des libres-penseurs et des insulteurs de Dieu et de la morale, pour cela, vous aiderez le zèle de votre pasteur à soutenir votre école des Frères, ce sera votre gloire aux yeux des hommes, et, devant Dieu, un titre indéniable à la récompense promise aux vaillants qui auront combattu le bon combat.

Et maintenant, qu'il me soit permis, avant de descendre de la chaire, de revenir au héros de cette fête. C'est bien maintenant que je puis lui appliquer les paroles de mon texte : *Ecce ego et pueri mei quos dedit mihi Deus.* C'est la parole qui monte de votre cœur à vos lèvres, n'est-ce pas, bien cher FRÈRE, au soir de vos vingt-cinq années d'apostolat dans cette Paroisse, et j'y trouve votre mérite et votre gloire. *Ecce ego*, me voici, mon Dieu, après un quart de siècle employé à votre service, et l'oblation de tout moi-même que j'ai faite au jour de mes vœux, je la renouvelle ici entière et solennelle. Mais aujourd'hui, j'ai davantage à vous offrir : avec mes travaux et mes peines de tous les jours, avec mes désirs et mes promesses pour l'avenir, avec mon cœur, mon âme, ma vie, je vous offre, mon Dieu, tous ces enfants à qui j'ai appris à vous aimer, et qui m'entourent aujourd'hui, *Ecce ego et pueri mei.* Plusieurs se sont consacrés à votre service et sont devenus les prêtres de votre Église ; si j'ai été pour quelque chose dans leur vocation, je vous en bénis et je vous offre ces cœurs de prêtres comme le fruit le plus cher de mes travaux ; beaucoup, j'en ai la douce confiance, ont gardé dans leur âme l'empreinte ineffaçable de mes leçons et sont aujourd'hui de bons chrétiens ; je vous les offre aussi, mon Dieu, et vous demande vos bénédictions et vos grâces pour le père et les enfants de cette pieuse famille. *Ecce ego et pueri mei quos dedit mihi Deus.*

Et nous, bien Cher FRÈRE, vos Élèves reconnaissants et vos amis dévoués, d'un cœur unanime nous adressons au Seigneur nos vœux et nos prières, pour qu'il vous conserve longtemps encore à notre vénération et aux nobles travaux de l'éducation chrétienne, qui seront votre honneur ici-bas et fourniront le plus beau fleuron de votre couronne au ciel.

Ainsi-soit-il.

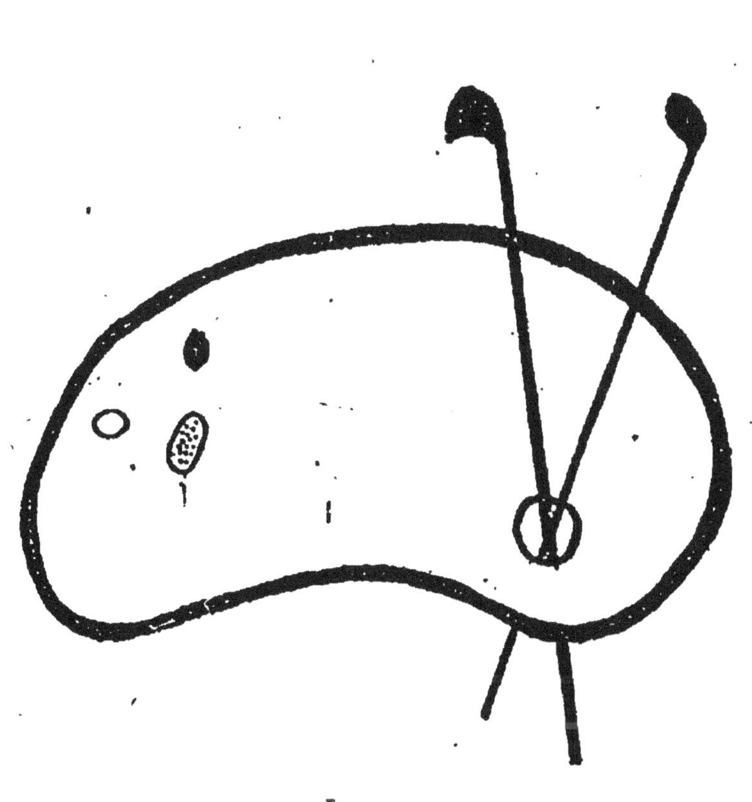

ORIGINAL EN COULEUR
NF Z 43-120-8